The Plastic that a Whale Swallowed

It was only 100 years ago that plastics came into the world.

Since its debut, a new era began. With the appearance of this amazing invention, the world has moved quickly.

It was like world has changed from the Middle Ages to the present at a relative blink of an eye.

The influence of plastic in modern society is astounding. Do you know the fact that our daily lives starts and finishes with plastics?

Author Freinkel Susan who wrote <Plastic Society> is very alarmed by this plastic-laden society.

She wondered if she could live without plastic for a day. But she

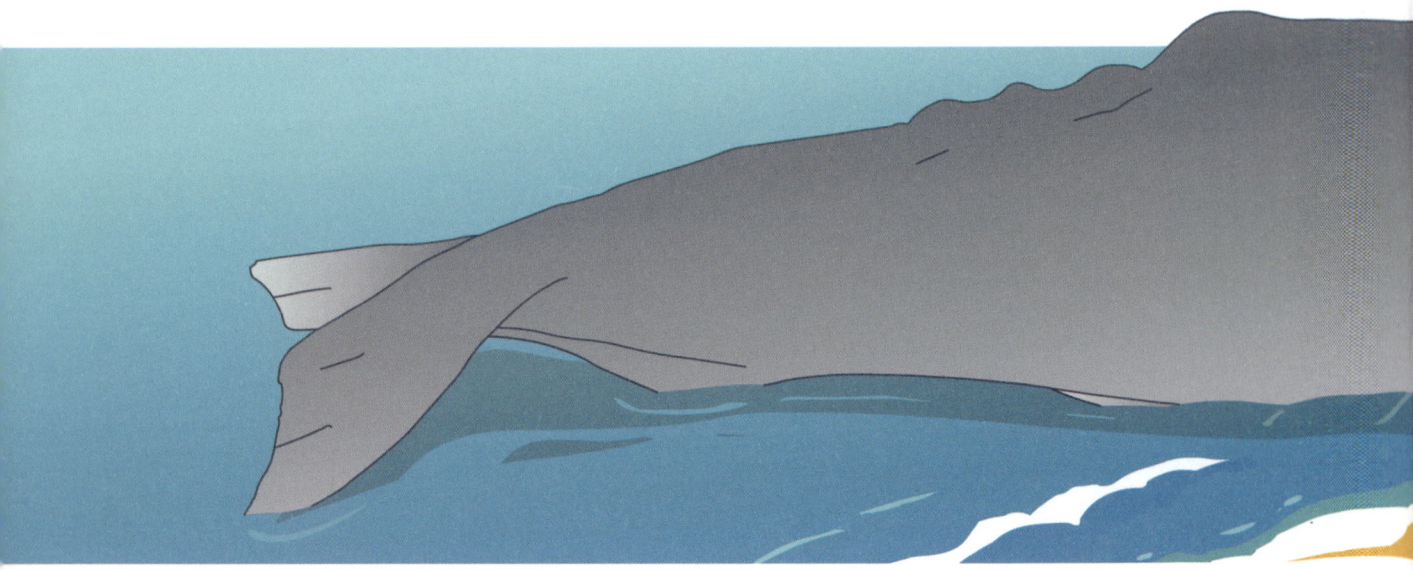

realized that it was impossible. If we can't avoid it, let's appreciate it!

She was trying to reach a compromise between plastics and humans.

Meanwhile plastic has been produced limitlessly under the label of useful material for civilization.

But now it is time not to do that. It is time to take a breath slowly with breaks on the plastic production line. Now, our environment is being destroyed in a serious state with plastic abuse. We are harassing the global community as long as we use plastic. Plastic has reached the point of capturing the sea and attacking marine animals directly. It's really time to take special action on plastic.

Nobody can refuse plastic right away..But we can keep it at a reasonable distance. So how far can we keep away? Let's go into the book and think together and practice.

고래가 삼킨 플라스틱

풀과바람 환경생각 14

고래가 삼킨 플라스틱
The Plastic that a Whale Swallowed

1판 1쇄 | 2020년 3월 30일
1판 12쇄 | 2025년 9월 5일

글 | 김남길
그림 | 마이신(유남영)

펴낸이 | 박현진
펴낸곳 | (주)풀과바람
주소 | 경기도 파주시 회동길 329(서패동, 파주출판도시)
전화 | 031) 955-9655~6
팩스 | 031) 955-9657
출판등록 | 2000년 4월 24일 제20-328호
블로그 | blog.naver.com/grassandwind
이메일 | grassandwind@hanmail.net

편집 | 이효숙
디자인 | 박기준
마케팅 | 이승민

ⓒ 글 김남길 · 그림 마이신(유남영), 2020

이 책의 출판권은 (주)풀과바람에 있습니다.
저작권법에 의해 보호를 받는 저작물이므로 무단 전재와 복제를 금합니다.

값 12,000원
ISBN 978-89-8389-839-5 73530

※ 잘못 만들어진 책은 구입처에서 바꾸어 드립니다.

이 도서의 국립중앙도서관 출판예정도서목록(CIP)은 서지정보유통지원시스템 홈페이지(seoji.nl.go.kr)와
국가자료공동목록시스템(www.nl.go.kr/kolisnet)에서 이용하실 수 있습니다. (CIP제어번호 : CIP2020009091)

KC	**제품명** 고래가 삼킨 플라스틱 | **제조자명** (주)풀과바람 | **제조국명** 대한민국	⚠ **주의**
	전화번호 031)955-9655~6 | **주소** 경기도 파주시 회동길 329	어린이가 책 모서리에
	제조년월 2025년 9월 5일 | **사용 연령** 8세 이상	다치지 않게 주의하세요.
	KC마크는 이 제품이 공통안전기준에 적합하였음을 의미합니다.	

고래가 삼킨 플라스틱

김남길 · 글 | 마이신(유남영) · 그림

머리글

플라스틱이 세상에 등장한 시기는 불과 100여 년 전이에요. 이 놀라운 발명품이 나오게 되자 세상은 빠른 속도로 변화하기 시작했어요. 마치 세상이 순식간에 중세에서 현대로 건너뛰듯 바뀌기 시작했지요.

오늘날 우리 일상에서 플라스틱이 끼치는 영향력은 정말로 대단해요. 혹시 여러분도 느끼고 있나요? 우리의 하루가 플라스틱으로 시작해 플라스틱으로 끝나고 있다는 사실을요.

『플라스틱 사회』라는 책을 쓴 미국의 작가 수전 프라인켈은 현대 문명이 플라스틱에 점령당한 사실에 놀라워했어요. 작가는 '단 하루라도 플라스틱이 없이 살 수 있을까?' 하고 고민했지요. 그러나 현실적으로 플라스틱이 없는 환경에서 살기가 어렵다는 사실을 깨달았어요.

'피할 수 없다면 현명하게 소비하자!'

작가는 결국 플라스틱과 사람이 공존하는 부분에서 위와 같은 타협점을 찾으려 했어요.

그동안 우리는 플라스틱이 '문명에 이롭고 편리한 물질'이라고 여기며 무한정 생산해 왔고, 너무도 편리하게 그 물품들을 사용해 왔어요. 게다가 그 쓰레기를 산과 바다에 마구 버렸지요. 이제는 생산자도

 소비자도 플라스틱 쓰레기로 넘쳐나는 우리의 현실을 반성하고 되돌아보며 하나밖에 없는 지구를 살려야 해요.

 오늘날 플라스틱의 남용으로 모든 환경이 심각한 수준으로 오염되고 있어요. 지구가 플라스틱 쓰레기로 몸살을 앓게 된 것이지요. 최근에는 플라스틱이 바다까지 흘러가 해양 동물들을 죽음으로 내모는 지경에 이르렀어요. 고래와 바다거북을 포함한 소중한 생명들이 플라스틱 쓰레기를 먹고 안타깝게 죽어가고 있어요.

 그렇다고 해서 누구든 당장 플라스틱을 거부하며 사용하지 않을 수는 없어요. 우리가 쓰는 생활용품이 거의 다 플라스틱으로 만들어져 있기 때문이에요. 이제라도 우리 모두가 힘을 모아 이 같은 문제들을 해결해 나가려면 어떻게 해야 할까요? 어떻게 하면 지구를 플라스틱 쓰레기에서 구해 낼 수 있을까요? 우리 함께 이 책을 읽으며 깊이 고민하고 실천하는 시간을 가져 보기로 해요.

김남길

차례

❶ **플라스틱의 과거와 현재** … 08
   플라스틱이 없었던 과거로의 여행 … 11
   일회용 플라스틱 시대 … 14

❷ **쓰레기를 먹은 고래** … 16
   죽은 고래가 남긴 플라스틱 … 17

❸ **20세기의 놀라운 발명품, 플라스틱** … 22
   만능 플라스틱의 탄생 … 25
   플라스틱의 문제점 … 27

❹ **버려지는 플라스틱** … 28
   세계의 플라스틱 생산량 … 30
   우리나라의 플라스틱 소비량 … 32
   돈이 되지 않는 재활용 쓰레기 … 34

❺ **플라스틱 쓰레기 섬** … 36
   바다 위를 떠도는 플라스틱 … 39
   태평양의 대쓰레기장 … 40

❻ **해양 동물을 죽음으로 몰고 가는 플라스틱** … 42
   앨버트로스와 플라스틱 … 44
   바다거북의 비명 … 48

7 작지만 무서운 미세플라스틱 … 52
미세플라스틱이란? … 54
미세플라스틱의 먹이사슬 여행 … 57
생활 속에 침투한 미세플라스틱 … 58

8 지구의 보물 창고, 바다 … 60
수수께끼를 품은 바다 … 62
지구의 산소 공장 … 63
열에너지의 순환 … 64
눈의 꽃 … 65

9 플라스틱 쓰레기, 어떻게 치워야 할까? … 67
오션 클린업 대작전 … 68
모래사장의 주인이 된 플라스틱 … 70
버림받은 플라스틱의 운명 … 72

10 플라스틱 퇴치 운동 … 74
미세플라스틱을 퇴치하자 … 76
일회용 플라스틱 퇴출하기 … 79
말보다 실천을! … 80

11 고래가 남긴 숙제 … 82
먹고 먹히는 먹이사슬 … 84
우리나라와 외국의 미세플라스틱 현주소 … 89

플라스틱 관련 상식 퀴즈 … 94
플라스틱 관련 단어 풀이 … 96

1 플라스틱의 과거와 현재

일상생활에서 날마다 사용하는 플라스틱이 우리 생활에 끼치는 영향력은 실로 놀라워요. 세상에 나오자마자 단숨에 시대를 지배하는 문명의 주인공이 되었으니까요. 플라스틱이 어떻게 해서 그렇게 되었는지 알아보기 위해 플라스틱이 탄생하기 전과 후의 시대를 함께 살펴볼까요?

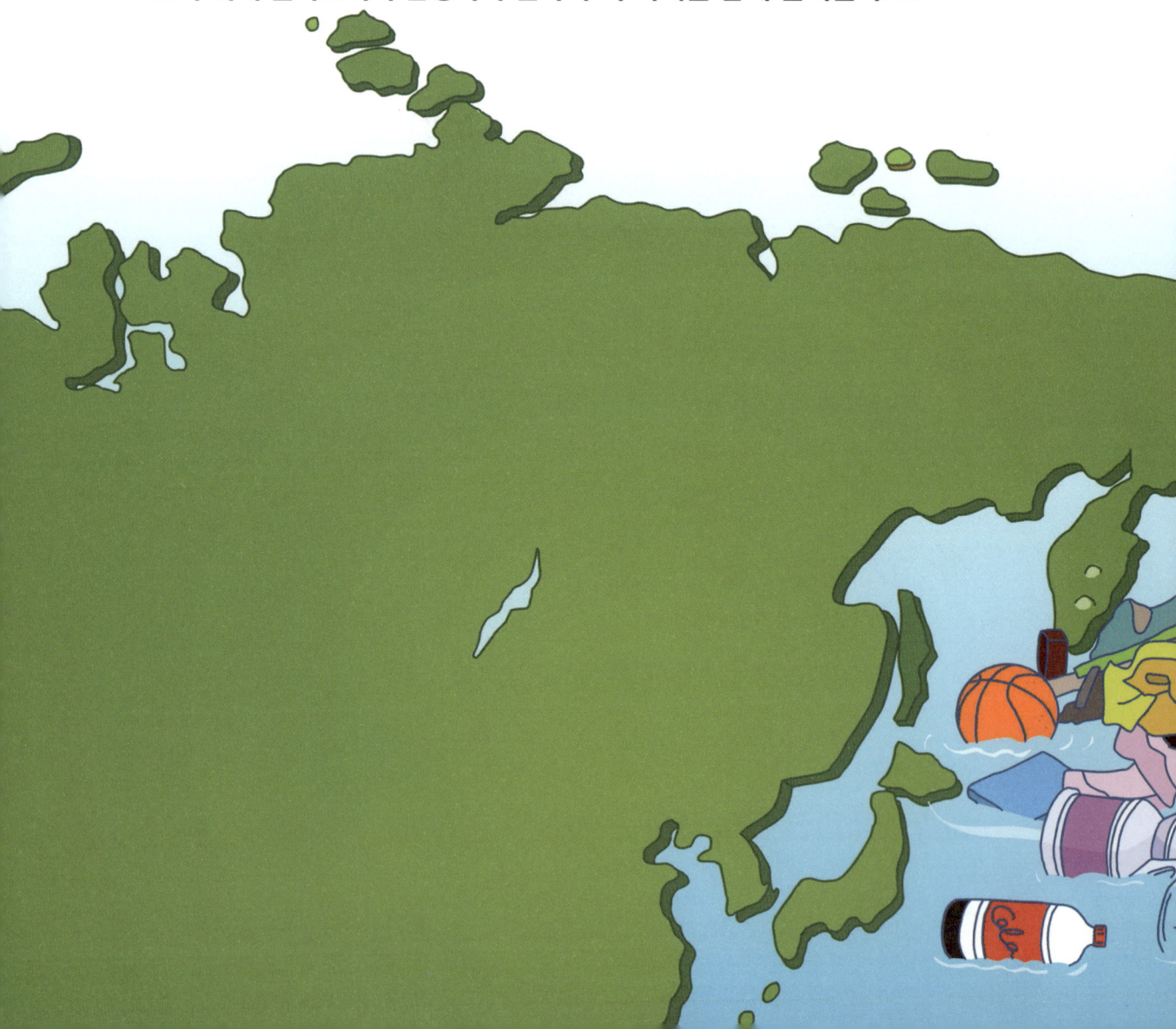

플라스틱이 없었던 과거로의 여행

플라스틱이 없었던 시대에 건축물이나 생활 도구의 재료는 모두 자연에서 얻은 것들이었어요. 우리나라는 초가집이나 기와집을 많이 짓고 살았는데, 주로 나무와 진흙, 돌, 짚, 석회 등의 자연 재료를 골고루 이용했지요. 서양의 건축물도 대부분 나무와 돌로 지었어요.

그 옛날 우리 선조들은 생활 도구를 무엇으로 만들어 썼을까요? 우리 함께 시간 여행을 하며 조선 시대의 일상 속으로 떠나 볼까요?

이른 아침에 엄마는 나무로 만든 두레박으로 우물에서 물을 퍼내어 쌀을 씻었어요. 밥은 무쇠로 만든 가마솥에 장작이나 짚으로 불을 지펴서 지었지요. 아이들은 손가락에 소금을 묻혀서 이를 닦았어요. 입안은 쪽박에 물을 떠서 헹구고요. 얼굴은 큰 박을 잘라 만든 바가지에 물을 담아 고양이 세수로 끝냈지요. 긴 머리는 빗살이 촘촘한 참빗으로 빗질을 해서 단정하게 땋았어요.

김치와 장류는 장독대에 놓아둔 항아리에 보관했어요. 밥과 국은 나무로 만든 목기나 사기로 만든 사발에 담고, 반찬은 진흙을 구워 만든 투박한 질그릇에 담아 먹었지요. 식구들은 나무로 만든 소반에 둘러앉아 나무나 놋쇠로 만든 젓가락과 숟가락으로 밥을 먹었어요.

　아침을 먹고 나면 아이들은 무엇을 했을까요? 아이들은 땔감을 구하러 가거나 서당에 갔어요. 또는 엄마를 도와 바느질을 하거나 집안일을 돕고요. 옷은 목화솜에서 실을 자아 만든 무명천으로 지어 입었고, 신발은 짚신을 신었어요. 서당에 가는 아이들은 보자기에 천자문을 싸 가지고 갔어요. 저녁에는 기름으로 등잔불을 밝히고 살았지요.

　여러분이 오늘날 위의 이야기처럼 생활할 수 있을까요? 아마도 민속촌이나 산골 오지에서 며칠 정도는 체험으로 경험해 볼 수 있겠지요. 그러나 지속적인 생활은 어려울 거예요. 왜냐고요? 우리는 이미 편리한 플라스틱 문명에 길들여 있으니까요. 텔레비전이 없는 환경에서 하룻밤만 지내보세요. 아마도 좀이 쑤시고 답답해서 몸살이 날 거예요.

일회용 플라스틱 시대

 현대는 고도의 기술과 다양한 신소재들이 복합적으로 어우러진 첨단 시대예요. 이 가운데 특히 플라스틱이라는 소재는 가정과 산업 전반에 걸쳐 광범위하게 퍼져 있어요.

 우리가 머리부터 발끝까지 사용하는 제품 중에 플라스틱으로 만들지 않은 것을 찾아보기가 어려울 지경이에요. 머리빗과 옷, 화장품, 신발, 가방 등에 이르기까지 모두 여기에 포함되어요. 또 우리가 일상에서 쓰는 가전제품과 휴대폰, 자동차, 주방용기, 장판, 건물 등의 제품도 대부분 플라스틱으로 만들어져 있을 만큼 실생활의 전 분야를 차지하고 있지요.

 더구나 요즘은 상품의 포장 기술이 발달하면서 플라스틱의 수요가 상상을 초월할 만큼 크게 늘었어요. 우리가 간편하게 쓰고 버리는 일상의 습관이 급기야 플라스틱의 전성기를 열게 한 것이지요. 오늘날 가장 흔하게 사용하는 일회용 플라스틱 제품으로는 컵과 빨대, 접시, 도시락 용기, 스티로폼 용기, 비닐봉지 등을 들 수 있어요.

 이 제품들이 실생활에서 편리하고 유용하게 쓰이는 것은 사실이에요. 그러나 그와 동시에 환경을 파괴하는 데 가장 큰 문제를 일으키는 주범이기도 하지요. 우리가 과거에 자연에서 얻은 재료로 만들어 사용하던 물품들을 플라스틱으로 대체한 일이 오늘날 지구의 모든 생명을 위협하는 재앙으로 다가온 것이랍니다.

② 쓰레기를 먹은 고래

해마다 쓰레기를 먹고 죽은 고래들이 해안으로 떠밀려오고 있어요. 안타깝게도 고래의 목숨을 빼앗아 간 것은 바로 플라스틱이었어요. 고래는 무슨 이유로 플라스틱을 먹게 되었을까요?

죽은 고래가 남긴 플라스틱

2018년 2월, 스페인의 무르시아 인근의 해변에서 죽은 향유고래 한 마리가 발견되었어요. 길이가 10미터쯤 되는 향유고래의 몸은 정상이 아니었어요. 바람 빠진 풍선처럼 납작한 상태로 파도에 떠밀려와 모래사장에 누워 있었거든요. 상어의 공격을 받아 살점이 떨어져 나간 것도 아니었어요. 큰 배와 충돌했을 때 나타나는 상처의 흔적도 없었고요. 물론 향유고래가 일부러 뭍으로 나와 자살한 것도 아니었지요.

고래의 자살을 '스트랜딩'이라고 하는데, 그 경우에는 비교적 몸 상태가 깨끗한 편이거든요. 하지만 죽은 향유고래의 모습은 지방층이 말라서 오그라든 상태였지요.

스페인 야생동물 구조 센터의 연구원들은 향유고래가 죽은 원인을 알기 위해 조사에 착수했어요. 먼저 겉모습을 살피고 여러 가지 검사를 한 뒤 곧바로 향유고래의 배를 해부해 위장 속에 있는 내용물을 확인했어요.

그런데 놀랍게도 향유고래의 위장 속에는 플라스틱 쓰레기들이 가득 차 있었어요. 그 양이 자그마치 29킬로그램이나 되었지요. 내용물은 페트병과 비닐봉지, 폐그물, 로프 등으로 다양했어요. 하나같이 인간이 쓰고 버린 문명의 흔적들이었지요. 물고기로 배를 채웠어야 할 향유고래가 대체 왜 쓰레기를 먹게 되었을까요?

향유고래는 고래 중에서 잠수를 가장 잘하는 종으로 알려져 있어요. 깊은 바닷속을 헤엄치며 수심 1000~3000미터까지 잠수할 수 있지요. 이 최고의 잠수부는 주로 오징어나 물고기를 잡아먹고 살아요.

향유고래는 먹이를 먹을 때 한 마리씩 덥석덥석 물어서 꿀꺽 삼키는 습성을 가지고 있어요. 그런 향유고래가 페트병이나 비닐 등의 플라스틱을 먹이로 착각했을 가능성이 커요. 고래의 눈에는 밤바다에 떠다니는 플라스틱이 잡아먹기 쉬운 먹이로 보였을 수 있으니까요. 정말 안타까운 일이에요.

　연구원들은 향유고래가 '세균 감염에 의한 복막염'으로 죽었다고 밝혔어요. 병의 원인은 향유고래의 장을 막고 상처를 낸 각종 플라스틱이었다고 해요. 향유고래는 장기 손상에 의한 염증으로 고통의 시간을 보내다가 기진맥진해졌을 거예요. 그 상태로 먹이 사냥은 불가능했기 때문에 굶주림에 시달렸겠지요. 향유고래는 먹지도 못한 채 날이 갈수록 점점 야위다가 결국에는 세상을 떠나고 만 것이에요.

　연구원들은 고래의 뱃속에서 나온 플라스틱에 주목했어요. 향유고래가

어떠한 이유로 쓰레기를 먹었든 플라스틱이 고래의 죽음과 직접적인 연관이 있었기 때문이에요. 2000년대 이후에 플라스틱을 먹고 죽는 고래의 수가 꾸준히 늘어나고 있어요. 먹어치우는 플라스틱의 양도 점점 많아지고 있고요. 고래의 뱃속에서 한꺼번에 1000개가 넘는 플라스틱 조각들이 나오기도 했으니까요. 고래가 죽어서 플라스틱을 남기는 이 상황을 우리는 어떻게 받아들여야 할까요?

③ 20세기의 놀라운 발명품, 플라스틱

플라스틱은 항상 우리 곁을 그림자처럼 따라다녀요. 세상을 단순하고 가볍게 변화시키는 데 이보다 더 적합한 물질은 없으니까요. 하지만 좋은 부분이 있으면 나쁜 면도 있지요. 플라스틱의 양과 음을 살펴볼까요?

만능 플라스틱의 탄생

플라스틱은 석유에서 추출한 고분자 화합물이에요. 석유의 발견과 동시에 부차적으로 개발된 일종의 합성수지로서 압력을 가해 어떤 형태를 만들 수 있는 인공 재료이지요. 아울러 이 인공 재료로 만든 물건도 플라스틱이라고 해요.

플라스틱은 1907년 미국의 화학자 리오 베이클랜드가 발명했어요. 그리고 1922년부터 본격적으로 생산되며 널리 보편화되기 시작했지요. 이 합성물은 본래 '빚어서 만들다'라는 뜻을 지니고 있어요. 다시 말해 '어떤 모양이든 자유자재로 만들기에 좋다'는 의미이지요.

우리가 일상생활에서 사용하는 플라스틱은 대부분 폴리에틸렌과 폴리프로필렌, 폴리염화비닐 계열입니다. 이것을 녹여서 장난감과 식품 용기, 페트병, 비닐, 나일론 등의 상품을 만드는 데 사용하지요.

플라스틱은 여느 원료와 다른 특성이 있어요. 일정한 온도를 가하면 부드러워져서 어떤 모양으로도 만들 수 있어요. 완성품은 단단하면서도 가벼울 뿐만 아니라 녹이 슬지 않고 전기가 통하지 않지요. 색깔은 원하는 대로 맞출 수 있고요.

이러한 이유로 플라스틱은 인기를 누리며 무엇이든 만들 수 있는 만능 재료가 되었어요. 과학자들은 인간이 개발한 20세기의 발명품 가운데 하나인 플라스틱을 일컬어 '신의 선물'이라고 극찬하기도 했어요.

플라스틱의 문제점

플라스틱은 우리 생활을 풍요롭고 편리하게 해 주는 만능 재질이 틀림없어요. 하지만 그에 따른 부작용도 크지요. 플라스틱은 자연적으로 분해되지 않는 물질이에요. 땅속에 묻어도 300~500년이나 썩지 않지요. 또 열에 약해서 불에 잘 타고, 태울 때 공해를 일으키는 유독 가스를 배출해요. 이 같은 점들이 플라스틱의 치명적인 약점이에요.

4 버려지는 플라스틱

플라스틱은 단순한 쓰레기일까요, 아니면 자원일까요? 플라스틱은 엄연히 재활용이 가능한 자원이에요. 그런데도 쓰레기로 폐기되는 플라스틱이 너무나 많아요. 이 문제는 사회적인 쟁점으로 떠올라 세계적인 골칫거리가 되고 있어요. 재활용할 수 있는 플라스틱이 왜 폐기되고 있는지 살펴보기로 해요.

세계의 플라스틱 생산량

전 세계에서 한 해 동안 생산되는 플라스틱의 양은 약 4억만 톤에 이르고 있어요. 2050년에는 그 양이 두 배로 늘어날 전망이지요. 세계적으로 플라스틱 생수병은 1분마다 100만 개가 넘게 생산되고, 비닐봉지는 1년에 5조 장 이상 사용되고 있어요. 참으로 놀라울 만큼 엄청난 양이

지요. 1950년 이후부터 2015년까지 전 세계에서 생산된 플라스틱의 양은 약 83억만 톤이에요. 그 무게가 코끼리 10억 마리, 대왕고래 4700만 마리의 무게만큼 된다고 해요. 어마어마하지요? 그런데 83억만 톤의 플라스틱 중에 재활용된 비율은 고작 9퍼센트뿐이랍니다. 소중한 자원이 쓸모없이 버려지는 경우가 대부분인 거예요.

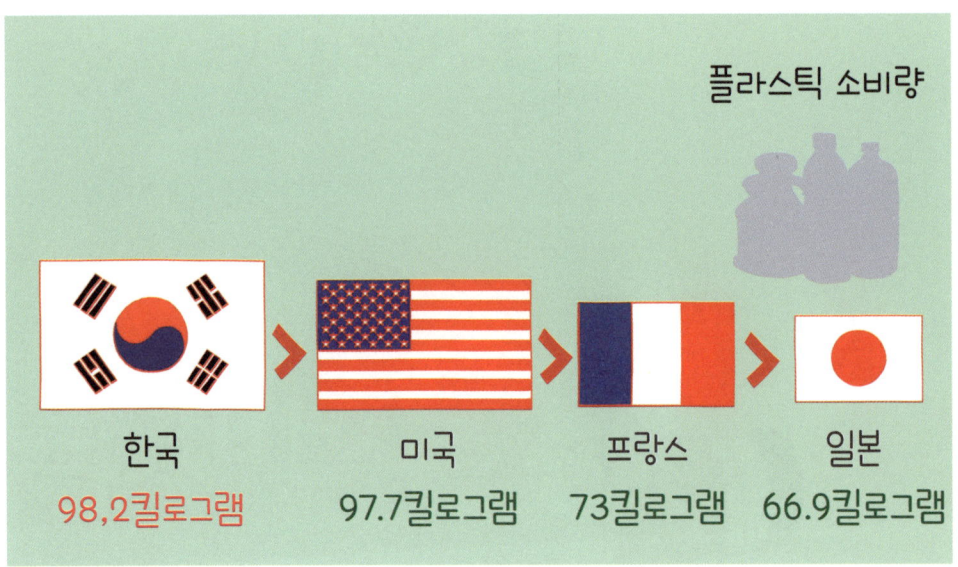

우리나라의 플라스틱 사용량

2016년 통계청 발표에 따르면 우리나라의 플라스틱 소비량이 세계 1위였어요. 한 사람이 1년 동안 사용한 플라스틱의 양을 무게로 환산했는데, 우리나라는 98.2킬로그램으로 조사되었어요. 이 양은 미국 97.7킬로그램, 프랑스 73킬로그램, 일본 66.9킬로그램보다 높았지요.

게다가 1년 사이에 우리나라 플라스틱 사용량은 훨씬 더 많이 증가했어요. 2017년에는 1인당 한 해 사용량이 132킬로그램이나 되었거든요. 해가 거듭될수록 플라스틱 사용량이 자꾸 늘어났지요. 불명예로 세계 1위를 차지했던 것이 또 있어요. 2015년에 우리나라는 일회용 종이컵을 257억 개나 소비해 세계 1위를 차지했답니다.

우리나라의 한 해 페트병 소비량은 약 27만 4000톤이에요. 1년 동안 거대한 유조선 1척의 무게만큼 많은 페트병을 소비하지요. 비닐봉지는 1인당 연간 420장을 사용해요. 이는 하루에 1.2장을 소비한다는 뜻이에요. 우리나라는 포장용 플라스틱 사용량도 높은 편이에요. 2017년에 64.13킬로그램으로 조사되었는데, 당시 세계 2위에 해당하는 양이었어요. 한편, 2016년의 보고에 따르면 한 해 동안 우리나라에서 폐기하는 플라스틱의 양은 약 5445톤이라고 해요.

돈이 되지 않는 재활용 쓰레기

플라스틱은 왜 폐기되는 것이 많을까요? 플라스틱을 모아 재활용하려면 많은 노동력과 비용이 들기 때문이에요. 일손도 많이 필요하고 시간도 오래 걸릴 뿐만 아니라 일일이 수거해서 다시 분리해 처리하는 데 많은 번거로움이 따르지요. 게다가 노력을 기울이거나 수고한 것에 비해 대가가 적어요. 플라스틱은 결국 이 같은 이유로 많은 양이 폐기되고 있지요.

우리나라를 포함한 대부분의 선진국에서는 플라스틱의 분리수거 문화가 잘 이루어지고 있는 편이에요. 그런데도 평균 재활용 비율은 30퍼센트 안팎에 지나지 않아요.

문제는 중국과 인도네시아, 베트남, 필리핀, 태국 등의 나라에서 많은 양의 쓰레기를 바다에 버리고 있다는 점이에요. 이 5개 나라에서 바다로 흘려보내는 플라스틱 쓰레기의 양이 세계의 60퍼센트를 차지한다고 해요.

아무리 좋은 자원도 버리면 쓰레기가 되지요. 반대로 하찮은 자원이라도 다시 살리면 훌륭한 자원으로 쓰이게 되지요. 플라스틱은 재활용할 수 있는 좋은 자원인데도 대부분 폐기되고 있는 것이 현실이에요. 그리고 이 불행한 현실이 지구의 바다를 오염시키며 많은 해양 생물을 죽음으로 몰고 가고 있어요.

5 플라스틱 쓰레기 섬

태평양과 대서양, 인도양에는 인간이 버린 쓰레기가 떠다니다 모여 거대한 '쓰레기 섬'을 이룬 곳이 많아요. 쓰레기의 90퍼센트 이상은 페트병이나 비

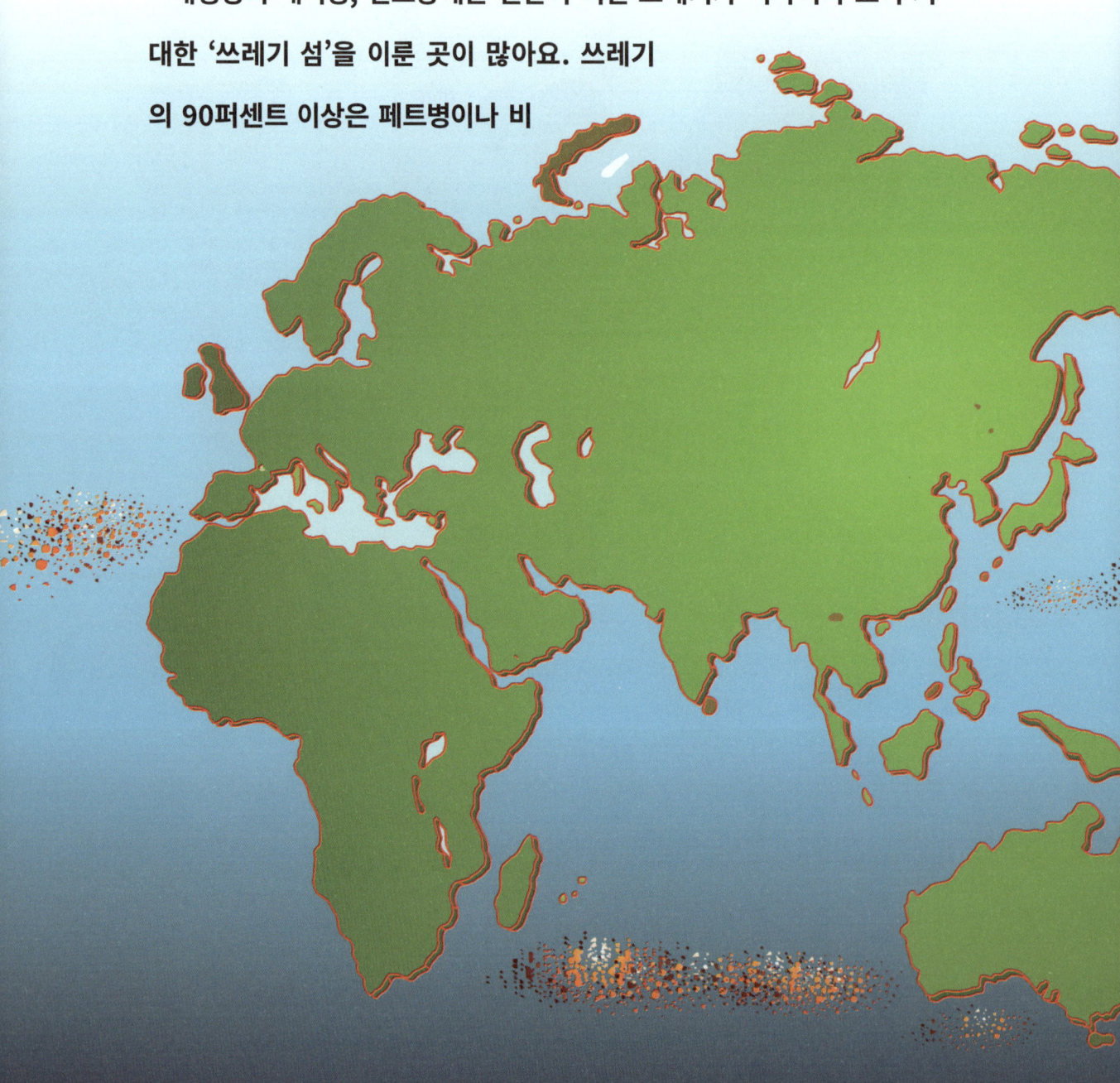

닐, 낚싯줄, 폐그물, 밧줄 등의 플라스틱류예요. 지금 바다는 지금 플라스틱 쓰레기로 몸살을 앓고 있어요. 플라스틱 쓰레기가 어떻게 바다를 망가뜨리고 있는지 추적해 볼까요?

이게 다 플라스틱 쓰레기 섬들이야?

바다 위를 떠도는 플라스틱

사람들이 불법으로 마구 버린 플라스틱 쓰레기가 마지막으로 모이게 되는 곳은 바다예요. 태풍이나 홍수, 우기 때 강물에 휩쓸려 바다로 흘러가기 때문이지요.

플라스틱은 가벼워서 물에 떠다니며 물결치는 대로 흘러가요. 그러다가 일부는 육지의 해안가나 섬의 백사장으로 다시 흘러들어 오지만 대부분은 해류를 따라 먼바다로 흘러가지요.

먼바다는 넓은 대양을 말하는데, 그곳에는 바닷물이 소용돌이처럼 되돌아 흐르는 거대한 환류가 흐르고 있어요. 플라스틱이 환류에 합류하게 되면 거대한 소용돌이에 갇히게 되지요. 그곳을 영어로 '자이어(Gyre)'라고 하며, 환류에 따라 플라스틱 쓰레기들이 가운데로 모이는 현상을 일컬어요.

자이어에 갇힌 플라스틱은 흩어지지 않은 채 바다를 덮어버려요. 과학자들은 국경 없는 쓰레기가 거대하게 모여 있는 그 지역을 '쓰레기 섬'이라고 부르고 있어요. 대양에는 이 같은 쓰레기 섬이 여러 곳에 형성되어 있답니다.

해마다 약 1300만 톤의 플라스틱이 바다에 버려지고 있어요. 플라스틱 조각을 낱개로 따지면 약 5조 개가 넘는다고 해요. 한 줄로 나열하면 지구를 400바퀴나 감을 수 있는 양이라고 하니 엄청나지요?

태평양의 대쓰레기장

대양의 쓰레기 섬은 모두 5곳에 형성되어 있어요. 태평양에 2곳, 대서양에 2곳, 인도양에 1곳으로, 모두 자이어 현상을 나타내고 있어요. 그중에서 미국의 캘리포니아 연안에서 하와이 사이를 떠도는 자이어의 규모가 가장 커요. 그곳을 일컬어 '태평양 대쓰레기장'이라고 하지요.

태평양 대쓰레기장의 면적은 약 160만 제곱킬로미터로 남한 면적의 16배나 되지요. 모여 있는 플라스틱의 수는 1조 8000억 개쯤 되고, 무게로 따지면 8만 톤 정도예요. 160톤짜리 여객기 500대의 무게와 같답니다.

쓰레기 섬의 플라스틱은 대략 12개국에서 흘러온 것들이에요. 일본이 34퍼센트로 가장 많았고, 다음으로 중국이 29.8퍼센트로 조사되었어요. 나머지는 태평양 연안의 여러 나라에서 흘러온 것들이 섞여 있지요. 일본의 쓰레기가 많은 것은 2011년에 발생한 '동일본 대지진'의 영향 때문이에요. 당시 육지를 집어삼킨 거대한 쓰나미가 엄청난 양의 쓰레기를 끌고 바다로 흘러들었거든요.

쓰레기 섬을 이루고 있는 플라스틱 중에는 폐그물이나 밧줄, 부표 등도 있어요. 고기잡이 선박들이 어구들을 불법으로 바다에 버린 것들이지요. 그렇게 비양심적으로 버려진 플라스틱 쓰레기의 양도 적지 않아 쓰레기 섬에서 차지하는 비율이 약 20퍼센트나 된답니다.

6 해양 동물을 죽음으로 몰고 가는 플라스틱

쓰레기 섬은 그 자체로 바다 환경을 해치는 재앙덩어리예요. 수많은 해양 동물들이 플라스틱을 먹이로 착각해 목숨을 잃고 있어요. 조사에 따르면 2050년에는 바닷새의 99퍼센트가 플라스틱을 먹게 될 것이라고 해요. 또 포유류와 파충류, 어류 등 700여 종의 해양 동물이 플라스틱의 공격을 받게 될 것이라고 예상하고 있지요. 그러나 현실은 예상보다 훨씬 빠르게 진행되고 있어요. 수많은 해양 동물들이 플라스틱에 갇혀 몸부림을 치고 있거든요. 그 피해 사례를 살펴볼까요?

앨버트로스와 플라스틱

앨버트로스는 날개 길이가 2~3미터나 되는 거대한 새예요. 장거리를 비행할 때는 일주일 동안 쉬지 않고 5000킬로미터나 날 수 있어요. 글라이더처럼 자신의 힘이 아닌 바람의 힘을 이용해 비행하기 때문이지요. 하지만 앨버트로스의 우아함은 섬에 머물렀을 때는 통하지 않아요. 몸이 크고 무거워서 얼른 날아오르지 못하거든요. 평지에서 다시 날아오르기 위해서는 오리처럼 뒤뚱거리며 한참을 달려야 해요. 그때는 사람이 달려가서 잡을 수 있을 정도예요. 그래서 앨버트로스에게는 '바보새'라는 별명이 붙었답니다.

　북태평양의 바위섬들은 앨버트로스들의 보금자리예요. 그곳은 높은 벼랑이 많아 언제나 시원한 바람이 불어요. 앨버트로스가 앉았다가 바람을 타고 바로 날아오를 수 있는 천혜의 장소이지요. 앨버트로스는 번식기가 되면 바위섬에 둥지를 틀고 알을 낳아 새끼를 키워요. 새끼들은 건강하게 무럭무럭 자라서 둥지를 떠나는 게 인생의 목표예요. 빨리 자라서 세상에서 가장 멀리, 가장 높이 나는 앨버트로스의 위용을 보이고 싶어하지요.
　그러나 몇 해 전부터 바위섬에 비상이 걸렸어요. 앨버트로스의 새끼들이 원인을 알 수 없이 죽기 시작한 거예요. 섬 곳곳에 앨버트로스의 새끼들이 죽은 채로 나뒹굴었어요. 한편에서는 모래밭에 쓰러진 채 괴로워하는 새끼들로 북적거렸지요.

현장을 방문한 연구원들은 그 원인을 금세 알아냈어요. 죽어서 깃털만 남아 있는 새끼들의 몸속에 플라스틱 조각들이 한 움큼씩 들어 있었으니까요. 그중에는 심지어 일회용 라이터도 들어 있었어요. 분명히 먹이가 잘못되었던 거예요.

앨버트로스는 수면 가까이에 떠다니는 물고기나 죽은 물고기를 낚아채어 먹어요. 어미는 바다에서 배를 든든히 채운 후, 새끼에게 날아가 먹이를 토해 부리 속으로 넣어주지요. 새끼는 어미가 주는 먹이를 그대로 꿀떡꿀떡 삼켜요.

플라스틱이 먹이인지 아닌지도 모르는 앨버트로스는 정말로 바보새일까요? 해마다 약 100만 마리의 바닷새가 플라스틱을 먹고 세상을 떠난다고 해요.

앨버트로스는 현재 야생에서 멸종 위기에 처할 가능성이 높은 취약종(VU)으로 분류되어 있어요. 사람들이 마구 잡아먹기도 하고, 깃털을 장식용으로 쓰기 위해 무분별하게 잡아들였기 때문이에요. 우리가 보호하지 않으면 멸종할지도 모르는 앨버트로스가 이제는 플라스틱 쓰레기를 먹고 수없이 죽어가고 있다는 현실이 참으로 안타까워요.

바다거북의 비명

바다거북은 사람보다 오래 사는 장수 동물이에요. 살아가는 동안 큰 위기에 처하지 않는다면 100~200년쯤은 거뜬히 살 수 있지요. 그러나 오늘날에는 바다거북도 남아 있는 삶을 보장받기가 어려워졌어요. 플라스틱이 넘쳐나는 바다의 환경이 바다거북의 수명을 줄어들게 하고 있기 때문이에요. 바다거북의 눈에 플라스틱 조각은 작은 물고기로 보이고, 비닐은 해파리나 미역으로 보이나 봐요. 그것을 먹이로 알고 죽은 바다거북들이 자주 등장하고 있어요. 또 그물에 걸려서 발버둥을 치다 죽어가는 바다거북도 점점 늘고 있지요.

몇 년 전에는 플라스틱 빨대가 코에 박힌 바다거북이 발견되기도 했어요. 그 바다거북은 다행히 구조되어 목숨을 건졌지요. 하지만 넓디넓은 대양에서 구조되지 못한 채 홀로 죽어가는 바다거북들이 대다수예요.

최근에 호주 해양연구소에서 죽은 바다거북 246마리를 해부해 결과를 발표한 일이 있어요. 죽음의 원인은 플라스틱이나 비닐에 의한 기도 막힘, 장 파열, 소화기관 상실 등으로 밝혀졌어요. 바다거북의 사망 비율은 갓 부화한 새끼 거북이 54퍼센트, 어린 거북이 23퍼센트, 다 자란 거북이 15~16퍼센트로 나타났어요. 1년에 약 10만 마리의 바다거북이 플라스틱 쓰레기로 인해 목숨을 잃는다고 해요.

2019년 우리나라의 국립해양생물자원관에서 바다거북의 이동 경로를 연구하기 위해 수족관에서 3년 동안 자란 바다거북을 바다에 풀어주었어요. 그런데 바다로 떠난 지 11일 만에 죽고 말았어요. 그 바다거북의 뱃속에서는 225개의 플라스틱 쓰레기가 나왔지요.

그 밖에 플라스틱으로 고통을 당하고 있는 해양 동물은 너무나도 많아요. 그물에 걸려 꼼짝하지 못하는 바다표범도 있고, 밧줄에 목이 감겨 숨을 몰아쉬는 물개도 있어요. 머리에 비닐을 뒤집어쓴 채 오도 가도 못하

이렇게 심각해?!!

는 가마우지와 낚싯줄에 다리가 걸려 몸부림치는 갈매기도 있지요. 엉뚱한 소라게는 플라스틱 용기의 뚜껑을 제집으로 알고 살아가요. 이것이 위험에 처한 바다의 현재 상황이에요

7 작지만 무서운 미세플라스틱

바다에 둥둥 떠다니는 쓰레기는 '눈에 보이는 플라스틱'이에요. 그것은 인간의 노력으로 수거해 처리할 수 있지요. 그러나 눈에 잘 보이지 않는 플라스틱이 있어요. 입자가 너무 작아서 '미세플라스틱' 또는 '마이크로비즈'라고 불리는 것들이에요. 이 미세플라스틱은 수면 아래서 소리 소문 없이 흘러 다니고 있어요. 그 정체를 알아볼까요?

미세플라스틱이란?

크기가 0.5밀리미터 이하인 작은 플라스틱을 미세플라스틱이라고 해요. 두께가 머리카락의 절반밖에 되지 않아 현미경으로 관찰해야 볼 수 있지요.

미세플라스틱은 고의적인 것과 자연적인 것으로 분류할 수 있어요. 고의적인 것은 일상생활에서 사용하는 치약이나 화장품, 세안제, 섬유유연제 등에 미세플라스틱을 넣어서 만든 상품을 말해요.

기업에서는 상품의 품질을 높이기 위해 미세플라스틱을 첨가하지요. 이처럼 사람이 가공해 만든 것을 '1차 미세플라스틱'이라고 해요.

자연적인 것은 햇볕과 풍화작용으로 만들어지는 것을 말해요. 예를 들어 플라스틱 쓰레기 섬은 밤낮으로 햇볕과 바람, 파도, 짠물, 기온 등의 외부적인 힘에 시달리게 되지요.

플라스틱이 그렇게 자연환경에 오랫동안 노출되다 보면 소재가 딱딱하게 변하게 되어요. 그러다가 점차 잘게 부서져 미세플라스틱이 되지요. 이처럼 자연에 의해 만들어지는 것을 '2차 미세플라스틱'이라고 해요.

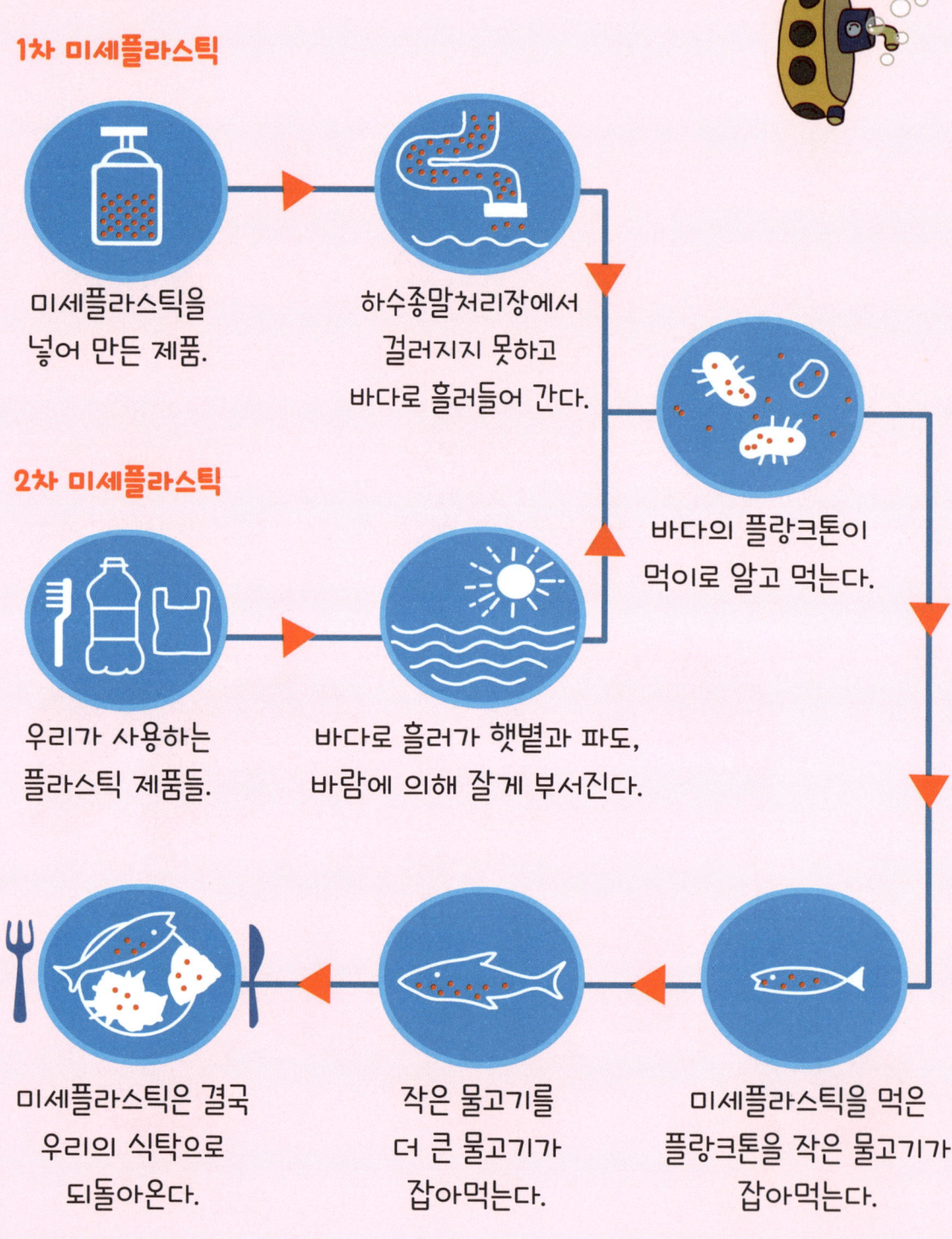

미세플라스틱의 먹이사슬 여행

가정에서 사용하고 버린 물과 함께 흘러나온 미세플라스틱은 입자가 작아서 하수종말처리장에서 걸러지지 않아요. 그대로 강으로 빠져나가 바다로 흘러가지요. 그리고 이런 과정으로 1차 미세플라스틱과 2차 미세플라스틱은 자연스럽게 바다에서 합쳐지게 된답니다.

과학자들은 바다에 떠다니는 미세플라스틱의 개수가 51조 개쯤 될 것으로 예상하고 있어요. 그러나 그 숫자는 별 의미가 없어요. 바다에는 이미 미세플라스틱이 플랑크톤처럼 퍼져 있으니까요.

실제로 플랑크톤을 먹고 사는 작은 물고기들은 미세플라스틱을 먹이로 알고 먹고 있어요. 그 작은 시작이 먹이사슬의 기초가 되어 우리 식탁까지 오르고 있지요. 순서는 플랑크톤, 어린 물고기, 멸치, 고등어, 참치, 사람으로 이어져요.

최근에 연구원들이 바닷물고기를 무작위로 잡아 내장을 검사했어요. 그런데 약 30퍼센트의 물고기에서 미세플라스틱이 검출되었어요. 연구원들은 미세플라스틱이 우리 몸에 끼치는 여러 가지 영향에 관해 계속 연구하는 중이에요.

분명한 사실은 미세플라스틱이 자연분해되지 않는 합성수지라는 점이에요. 합성수지에는 많은 화학성분이 들어 있고, 이것이 결국 사람의 몸속으로 들어와 면역력을 파괴하고 암 등의 질병을 일으킬 가능성이 크지요.

생활 속에 침투한 미세플라스틱

우리가 미세플라스틱을 알게 모르게 섭취하고 있다는 사실을 알고 있나요? 거의 모든 나라의 수돗물에서 미세플라스틱이 검출되었어요. 검출된 양은 적지만 수돗물이 생각처럼 안전하지 않다는 게 밝혀졌지요. 수돗물은 플라스틱으로 만들어진 물탱크의 영향을 받은 것으로 추측하고 있어요. 우리가 안전할 것이라고 믿고 있는 생수에서도 소량의 미세플라스틱이 검출되었어요. 우리나라의 생수뿐만 아니라 세계적으로 유명한 생수 모두에서요.

그뿐인가요? 모든 나라의 소금에서도 미세플라스틱이 발견되었어요.

1년 동안 한 사람의 소금 섭취량은 약 3.5킬로그램이라고 해요. 그 양을 기준으로 각 나라마다 소금에 들어 있는 미세플라스틱을 검사했어요. 결과는 놀라웠지요. 소금에서 약 500~8000개의 미세플라스틱이 검출되었으니까요. 소금은 바닷물을 말려서 생산하는데, 바다가 미세플라스틱으로 오염되어 있으니 소금에서 나온 것은 당연한 일이지요.

최근 유럽의 한 병원에서는 8명을 대상으로 대변을 검사해 미세플라스틱의 여부를 측정했어요. 결과는 어땠을까요? 사람마다 미세플라스틱이 20~100개씩 검출되었어요. 적은 인원을 검사했는데도 모두에게서 미세플라스틱이 나왔다는 것은 우리가 평소에도 항상 미세플라스틱을 먹고 있다는 뜻이지요.

8 지구의 보물 창고, 바다

바다는 생명의 보고이자 보물 창고예요. 그동안 수많은 생명을 탄생시키고 풍요로운 보금자리를 만들어 주었지요. 우리는 은혜로운 바다에 감사하는 마음을 가져야 해요. 바다가 인류에게 얼마나 고마운 혜택을 주고 있는지 알아볼까요?

수수께끼를 품은 바다

지구 면적의 약 70퍼센트를 차지하는 바다에는 70만 종의 생물이 살고 있어요. 바다의 가장 깊은 곳은 1만 994미터(마리아나 해구)이고, 평균 수심은 4000미터나 되지요. 우리는 그 바다에서 식량의 약 15퍼센트를 차지하는 물고기를 얻고 있어요. 바다는 넓고 깊지만 세상에 밝혀진 바다 생물은 불과 5퍼센트밖에 되지 않아요. 그래서 바다는 여전히 미개척지로 남아 끊임없는 탐사와 연구가 이어지고 있지요.

지구의 산소 공장

바다는 생명체를 최초로 탄생시킨 자연부화장이에요. 태초 이후에 바다에 녹조류와 홍조류, 갈조류 등의 해조류가 널리 퍼졌어요. 그 뒤 식물성 플랑크톤이 생겨나 지구의 산소 가운데 50퍼센트 이상을 도맡아 생산하게 되었어요. 이 작은 단세포 생명이 놀랍게도 광합성을 하는 재주를 타고났거든요. 이들은 물속에 녹아 있는 이산화탄소를 에너지로 삼아 산소를 만들어 내요. 덕분에 지구의 대기는 맑고 깨끗한 상태로 순환하게 되었답니다.

바다에서 최초의 생물이 탄생했어!

열에너지의 순환

바다는 수심 3미터에 이르는 부분까지 지구의 대기와 맞먹는 열에너지를 가지고 있어요. 열에너지는 지구 전체에 대류 현상을 일으키며 온도 조절을 하지요. 그 형태는 기체, 액체, 고체의 모습인 수증기, 구름, 눈, 비, 얼음 등으로 나타나 물의 순환을 일으켜요. 대기는 늘 열교환으로 순환하며 주기적으로 날씨와 계절에 영향을 주지요. 만약 지구의 열순환이 사라지면 어떻게 될까요? 지구의 적도는 너무 뜨겁고 극지방은 너무 추워서 생명체가 살 수 없게 된답니다.

눈의 꽃

깊은 바닷속에 빛을 비추면 하얗고 작은 알갱이들이 무수히 쏟아지는 걸 볼 수 있어요. 그것을 '눈의 꽃(마린 스노)'이라고 하는데, 해양 동물의 똥이나 플랑크톤이 죽어서 가라앉는 모습이에요. 심해에 사는 생물들은 눈의 꽃을 먹고 산다고 해요. 바다는 이처럼 신비에 싸인 채 우리에게 풍요로움을 주고 있지요.

플라스틱 때문에
살 수가 없어!

9 플라스틱 쓰레기, 어떻게 치워야 할까?

플라스틱은 지난 90년 동안 생산된 것보다 최근 10년 동안 생산된 양이 더 많다고 해요. 짧은 기간에 빠르게 증가한 플라스틱의 양이 오늘날의 바다를 심각한 상황으로 몰고 갔지요. 바다는 지금 다국적 쓰레기 전시장으로 변해 가고 있어요. 우리는 과연 그 쓰레기를 어떻게 처리해야 할까요?

오션 클린업 대작전

태평양의 쓰레기섬은 '오션 클린업'이라는 해양 전문 프로젝트팀이 수거하고 있어요. 그들은 600미터 길이로 만든 튜브 울타리로 쓰레기를 모아서 처리하는 방법을 고안했지요. 쓰레기들이 환류의 가운데 지점으로 몰리는 간단한 원리를 이용한 것이에요.

먼저 환류 길목에 튜브 울타리를 넓게 둘러서 설치해 놓아요. 그러면 플라스틱 쓰레기가 튜브에 걸리며 'V' 자 모양으로 모이게 되지요. 이 방법으로 수거하면 배를 타고 다니며 일일이 수거하는 것보다 800배나 빠르다고 해요. 수거한 쓰레기는 육지로 보내어 재활용하지요.

모래사장의 주인이 된 플라스틱

전 세계의 해안가는 플라스틱 쓰레기로 몸살을 앓고 있어요. 야자 열매나 맹그로브 열매가 그렇게 떠다니면 얼마나 좋을까요? 동남아시아의 아름다운 휴양지나 남태평양의 무인도, 카리브해의 보석 같은 해변에서는 플라스틱 쓰레기가 주인 행세를 한 지 오래예요. 플라스틱의 국적은 다양하지만 그것을 생산한 나라에 책임을 묻기는

어려워요. 부득이 서로에게 피해를 주는 상황이기 때문에 자기 나라에 쌓여 있는 플라스틱 쓰레기는 자국에서 치워야 하지요.

우리나라 해안도 플라스틱 쓰레기 문제가 심각해요. 섬 지방과 육지의 해안가는 떠밀려온 플라스틱으로 어질러져 있어요. 그중에는 중국이나 일본, 동남아시아 등지에서 흘러온 것들도 있지요.

하지만 대부분은 국내에서 버린 것들이에요. 특히 남해안의 가두리 양식장에서 부서져 나온 스티로폼이 가장 큰 골칫거리예요. 태풍이 한 번씩 지나갈 때마다 양식장의 스티로폼이 산산이 해체되어 날아다니거든요. 큰 것들은 해안가에 굴러다니고, 작은 것들은 모래사장이나 바위틈을 가릴 것 없이 주변을 온통 새하얗게 덮어버려요.

62리터짜리 스티로폼이 2.5마이크미터로 쪼개지면 760만 조각이 된다고 해요. 정말 어마어마하지요. 여기서 더 잘게 쪼개지면 미세플라스틱이 되어 양식장의 물고기들을 폐사시킬 수 있어요.

스티로폼 알갱이들은 가볍고 작아서 치우기가 어려워요. 게다가 이런 것들을 치우려면 돈이 많이 들기 때문에 제때 치우지 못하고 방치되는 경우가 많아요. 아름다운 우리의 해안은 이런 이유로 점점 쓰레기장으로 변해 가고 있지요.

버림받은 플라스틱의 운명

플라스틱이 수거되면 세 가지 방법으로 처리해요. 첫째는 쓰레기로 땅에 묻는 방법이고, 두 번째는 불에 태워 소각하는 방법이에요. 세 번째는 다시 재활용하는 방법이지요. 그런데 어느 것 하나 마땅치 않은 것이 현실이에요.

땅에 묻는 방법은 매립지의 부족으로 많은 어려움이 있고, 불에 태워 소각시키는 방법은 대기 환경에 나쁜 영향을 주지요. 가장 좋은 해결책은 재활용하는 방법이에요. 폐자원을 이용할 수 있는 최고의 방법이니까요.

그러나 그 방법도 최근 들어 어려운 숙제가 되었어요. 그동안에는 중국이 세계 폐플라스틱의 50퍼센트 이상을 수입해 자원으로 활용했어요. 덕분에 수많은 나라가 중국으로 폐플라스틱을 수출해 큰 덕을 보았지요.

그런데 자국의 환경 문제가 나날이 심각해지고 있다는 사실을 깨달은 중국이 2017년부터 폐플라스틱의 수입을 전면 중단했어요. 중국은 "세계의 공장을 자초했을지언정, 세계의 쓰레기장은 되지 않겠다."고 선포했지요. 그 바람에 중국으로 폐플라스틱을 수출하던 나라들은 갑자기 남아돌게 된 플라스틱을 처리하지 못해 골머리를 앓게 되었어요.

우리나라도 역시 그 문제로 애를 먹고 있는 상태예요. 폐플라스틱을 효과적으로 재활용하는 데 비용이 드는 것은 어쩔 수 없는 일이에요. 앞으로 환경 문제는 국가가 가장 먼저 발 벗고 나서야 할 정책이니까요.

10 플라스틱 퇴치 운동

플라스틱의 수요가 해마다 늘어나고 있어 미래의 환경이 암울하기만 해요. 그렇다고 하루아침에 플라스틱을 멀리할 수도 없지요. 플라스틱은 이미 우리 생활의 일부가 되었으니까요. 쓰면 쓸수록 편리하지만 마침내 불편함으로 다가오는 플라스틱! 이 문제를 해결하기 위해 민간단체와 국가들이 힘을 모으기 시작했어요. '플라스틱의 사용을 줄이자!'는 취지 아래 '플라스틱 퇴치 운동'을 지구촌 곳곳에서 벌이게 되었지요.

미세플라스틱을 퇴치하자

미국은 일찍이 2015년부터 '마이크로비즈 청정해역법안'을 발의하고 실천에 돌입했어요. 이 법안의 핵심은 기업들이 생산품에 첨가하는 미세플라스틱의 사용을 규제하는 것이에요. 이에 기업들은 이 법안에 동참해 단계적으로 미세플라스틱을 줄여나가고 있어요.

유럽 국가들도 정책적으로 상품에 첨가하는 미세플라스틱을 규제하기로 합의했어요. 연안에서 살고 있는 조개와 굴, 갯지렁이 등에서 미세플라스틱이 검출되자 환경오염의 심각성을 깨닫게 된 것이지요. 이 생물들은 플랑크톤을 먹고 살기 때문에 미세플라스틱의 오염에 특히 취약할 수밖에 없답니다.

우리나라도 미세플라스틱 퇴치에 동참하고 있어요. 2018년에는 커피 전문점이나 음식점에서 플라스틱 컵을 사용하지 못하도록 했고, 2027년까지 일회용품과 플라스틱 빨대 사용을 모두 금지하겠다고 발표했지요. 아울러 미세플라스틱을 넣는 화장품도 규제해 나가고 있을 뿐만 아니라 미세플라스틱의 제조와 수입도 금지하고 있어요.

일회용 플라스틱 퇴출하기

미국의 샌프란시스코는 2007년부터 비닐봉지의 사용을 전면 금지했어요. 2014년에는 공공기관에서 페트병에 담긴 생수를 판매하지 못하게 했지요. 2016년에는 로스앤젤레스와 포틀랜드에서 스티로폼의 사용을 전면 금지했어요.

유럽연합은 일회용 플라스틱을 단계적으로 규제하기로 했어요. 빨대와 음료를 젓는 막대, 포크, 나이프, 스푼, 면봉, 접시, 풍선 막대 등의 일회용 상품을 2021년까지 전면 금지하기로 했지요.

이어서 음식용 포장 용기와 음료 용기는 생산량을 줄여서 사용량을 줄이기로 했어요. 그리고 음료수병과 비닐봉지, 낚시 도구, 물티슈 등의 플라스틱 생산품에 대해서는 생산자에게 폐기 비용이나 재활용 비용을 부담시키기로 했어요.

그 밖에 인도와 모로코, 에티오피아, 케냐 등의 개발도상국도 플라스틱 퇴치 운동에 동참하고 있어요. 빨대와 비닐 같은 일부 품목의 사용을 전면 금지했지요.

우리나라도 단계적으로 일회용 플라스틱을 금지해 나가고 있어요. 2019년 4월부터 대형 마트나 슈퍼마켓에서 일회용 비닐봉투와 쇼핑백 사용을 전면 금지했지요. 그러나 아직은 미흡한 실정이에요.

말보다 실천을!

국가의 정책적인 규제로 플라스틱의 양을 줄이는 것도 좋지만, 무엇보다 실생활에서 스스로 깨닫고 실천하는 일이 중요해요. 아무리 좋은 제도가 있더라도 기업과 판매자, 소비자가 플라스틱을 줄이기 위한 노력을 하지 않으면 소용이 없지요.

그래서 요즘에는 플라스틱 퇴치 운동에 직접 참여하는 소비자들이 늘어나고 있어요. 시장을 볼 때 천으로 만든 장바구니를 들고 다니면서 비닐봉지의 사용을 줄이고 있어요. 커피 전문점에서는 머그잔을 사용하고, 음료를 사 가지고 갈 때는 텀블러를 들고 가기도 해요. 일회용 빨대는 금속이나 유리로 만들어진 것을 쓰고, 칫솔은 나무로 된 것을 사용하고요.

이 같은 개개인의 작은 노력과 실천이 계속된다면 일회용 플라스틱의 사용량이 크게 줄어들게 되겠지요. 1000만 명이 하루에 한 번만 실천해도 1000만 개의 플라스틱을 아낄 수 있으니까요.

이 운동에 세계의 기업들도 두루 참여하고 있어요. 기업들의 향후 목표는 플라스틱 제품을 최소한으로 생산하는 것이에요. 앞으로 플라스틱의 문제만큼은 속도가 아니라 방향이 중요한 때이니까요.

11 고래가 남긴 숙제

오늘도 바다에서는 많은 해양 생물이 플라스틱으로 인해 고통받고 있어요. 그들은 죽음은 마치 경고처럼 우리에게 많은 것을 느끼게 하지요. 우리에게 남겨놓은 유언장 같아요. 특히 플라스틱 쓰레기를 먹고 죽은

고래의 모습에서는 의미심장한 경고를 느낄 수 있어요. 우리는 이 같은 상황을 외면하거나 허투루 받아들이면 안 돼요. 고래의 죽음에는 어떤 경고가 담겨 있을까요?

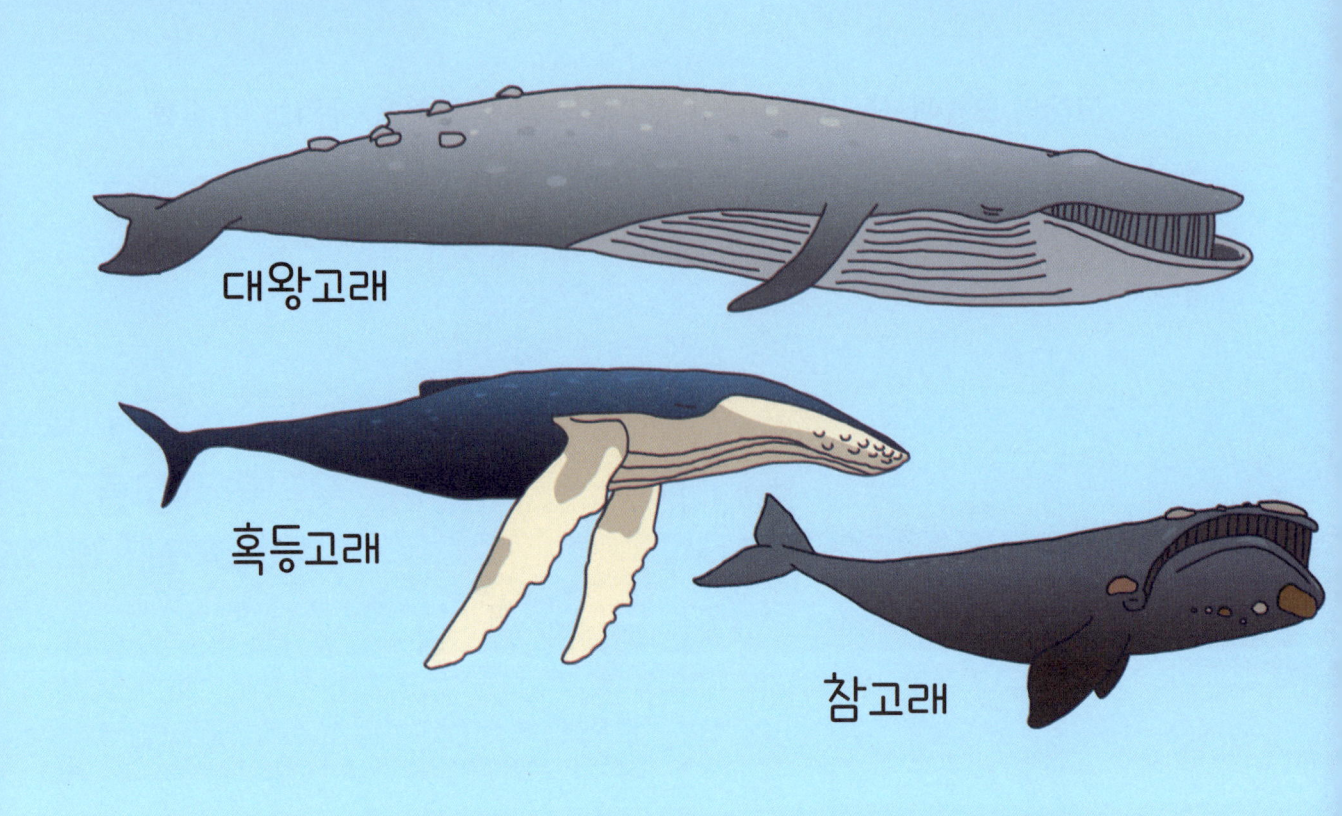

먹고 먹히는 먹이사슬

고래는 지구상에서 가장 큰 포유동물이에요. 젖을 먹여 새끼를 키우는 특이한 종이지요. 덩치가 커서 바다에서는 최상위 포식자에 속하는 고래는 크게 이빨고래와 수염고래로 나뉘어요.

이빨고래는 턱에 이빨이 붙어 있는 종으로, 향유고래와 돌고래, 범고래가 여기에 속해요. 이빨고래는 물고기를 쫓아다니며 사냥할 수 있도록 턱이 이빨 모양으로 발달했어요.

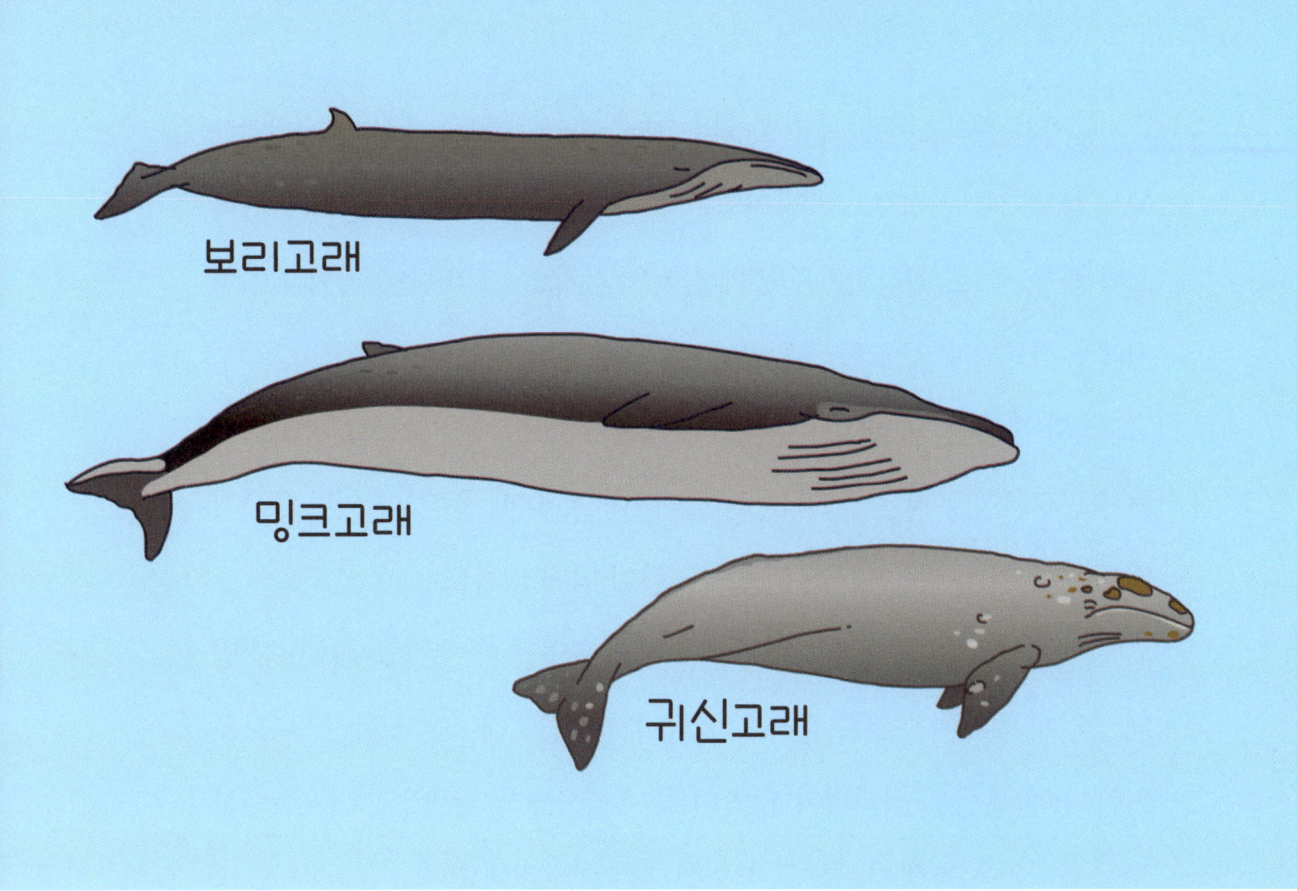

　수염고래는 턱에 이빨 대신 수염이 붙어 있는 종이에요. 대왕고래와 혹등고래, 참고래, 밍크고래, 보리고래, 귀신고래 등이 이 종에 속하지요. 수염고래류는 크릴 같은 플랑크톤이나 작은 물고기들을 먹고 살아요. 먹이 사냥을 할 때는 큰 주둥이를 최대한 벌려 바닷물을 빨아들였다가 턱을 닫아버리지요. 그러고는 입안에 있던 물을 수염 사이로 뿜어낸 뒤 수염에 걸러진 먹이를 삼켜버려요.

지금까지 플라스틱을 먹고 희생된 고래는 모두 이빨고래였어요. 이빨고래는 물고기를 공격적으로 잡아먹는 습성 때문에 덩어리가 큰 고체 플라스틱을 물고기로 착각하고 단번에 삼켜 버리지요. 그 바람에 일찌감치 병치레를 겪으며 목숨도 빨리 잃었어요.

그렇다면 다음 희생물은 수염고래가 될 확률이 아주 높아요. 수염고래는 플랑크톤이나 작은 물고기들을 잡아먹는데, 이때 플랑크톤이나 물고기의 몸속에 들어 있는 미세플라스틱도 같이 먹게 되지요.

미세플라스틱이 체내에 오랫동안 쌓이게 되었을 때 수염고래가 어떤 병에 걸리게 될지는 아무도 몰라요. 지금까지 수염고래에게서 플라스틱으로 인한 피해 증상은 나타나지 않았어요. 수염고래가 미세플라스틱을 대부분 소화기관을 통해 대변으로 배출했기 때문일 거예요.

하지만 장기간 섭취하게 되었을 때 수염고래의 미래가 어떻게 바뀔지는 장담할 수 없어요. 그 위험한 징조는 이미 현실로 나타나고 있으니까요.

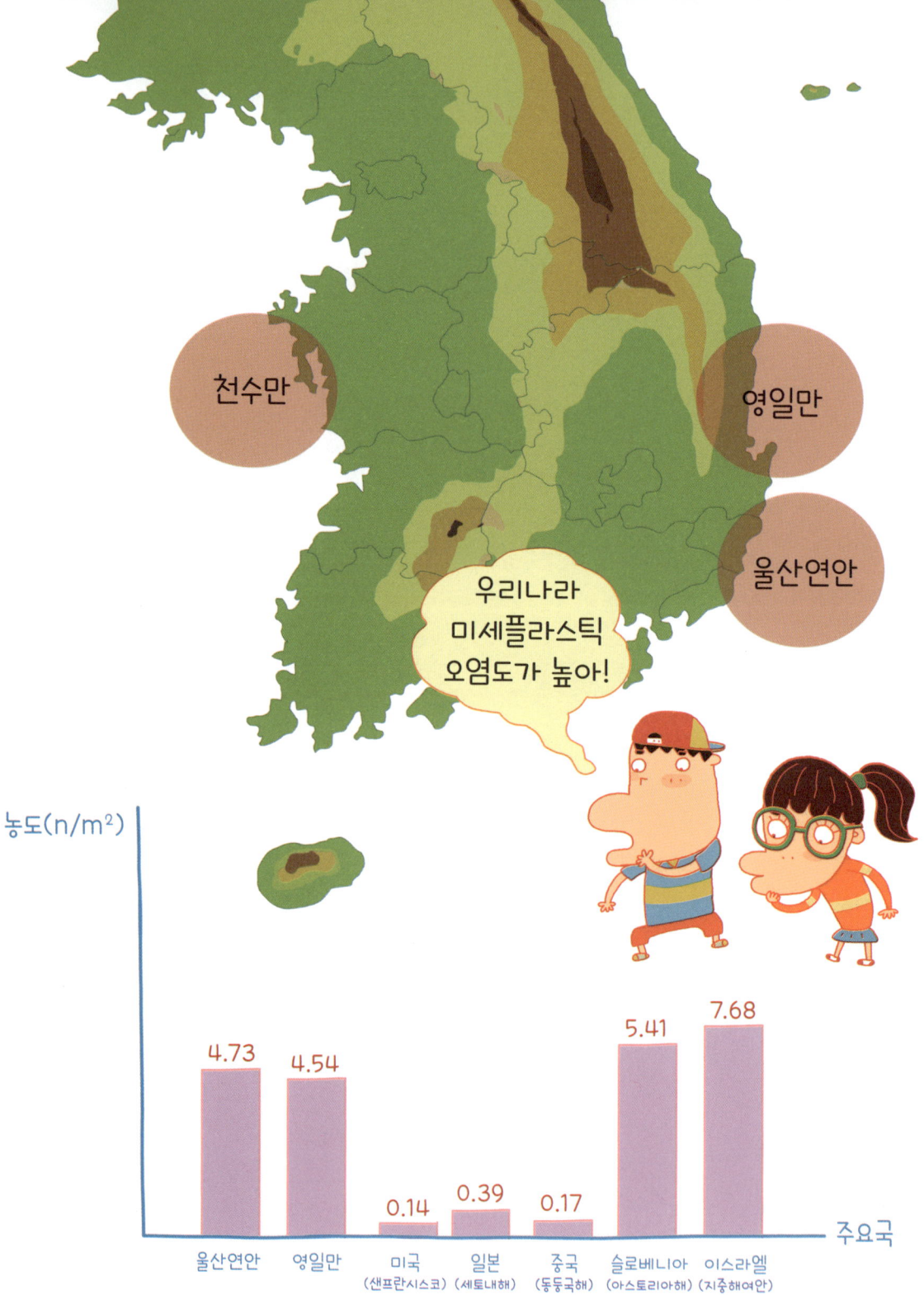

우리나라와 외국의 미세플라스틱 현주소

2018년 영국 맨체스터대학교 연구팀이 세계 여러 나라의 주요 바닷물을 조사했어요. 바닷물 1제곱미터당 미세플라스틱이 얼마나 들어 있는지 검사했지요. 이 조사에서 영국은 머지강과 어웰강, 캐나다는 세인트로렌스강 해역에서 많은 양의 미세플라스틱이 검출되었어요.

우리나라는 인천에서 경기 해안까지 이어지는 서해안과 낙동강 하구에서 미세플라스틱이 상위권으로 검출되었어요. 1제곱미터당 미세플라스틱의 개수가 약 2만 5000개나 되었어요. 엄청나게 많은 양이에요.

우리나라에서 발생하는 미세플라스틱의 양은 한 해에 6만 3000톤에서 21만 3000톤 정도라고 해요. 이는 노르웨이보다 약 25배나 많은 양이에요.

최근 한국해양구조단이 우리나라 해안에서 해양 쓰레기를 수거해 조사했어요. 쓰레기 가운데 단순 개수로는 담배꽁초가 21퍼센트로 가장 많았고, 그다음으로 비닐봉지, 플라스틱 부표, 유리병, 각종 뚜껑, 음료수 캔 등의 순서로 조사되었어요. 무게로는 어망과 밧줄이 가장 높았고, 부피로는 스티로폼이 가장 큰 것으로 나타났지요.

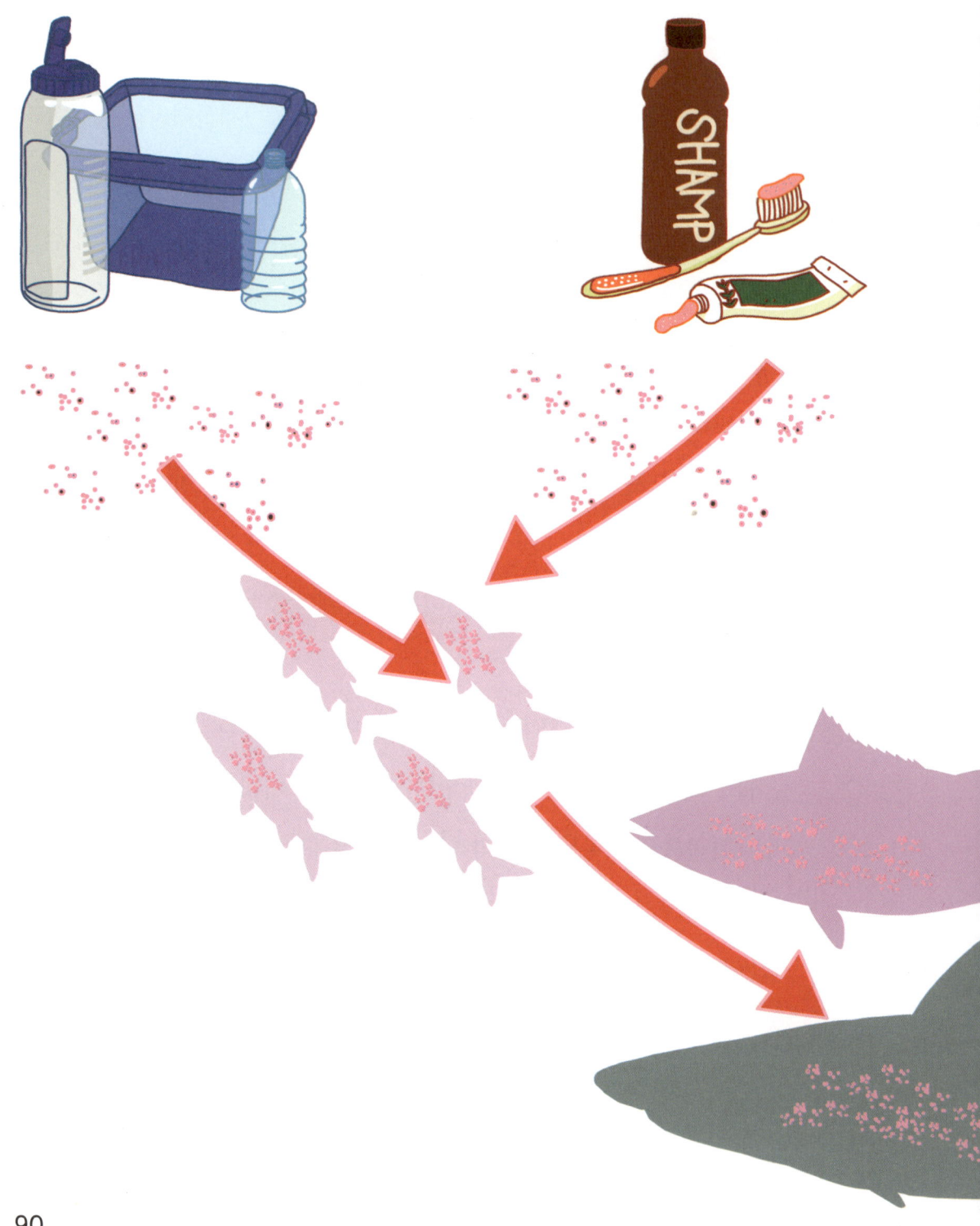

2019년에 우리나라의 해양수산과학기술진흥원에서 경상남도 진해와 거제 해역에서 자라는 굴과 담치, 게, 갯지렁이 등 4종을 조사했어요. 전체 139개 표본을 채취해 내장을 분석했는데, 95퍼센트에 해당하는 135개체에서 미세플라스틱이 검출되었어요. 적은 것은 미세플라스틱이 20개, 많은 것은 61개가 나왔다고 해요. 주로 양식장의 스티로폼 부표가 부서져 바닷물을 오염시킨 것으로 조사되었지요.

심해어에서도 미세플라스틱이 검출되고 있어요. 2015년 아일랜드의 연구팀이 심해어를 잡아 검사했는데, 약 70센트에서 미세플라스틱이 발견되었다고 해요. 미세플라스틱으로 인한 먹이사슬의 영향이 심해까지 미치고 있다는 증거예요.

이를 토대로 의사들은 일부 물고기를 섭취할 때 임산부는 꽁치와 고등어를 일주일에 400그램 이하, 참치나 심해어는 100그램 이하로 먹는 것이 좋다고 권고했어요. 또 어린이에게는 일반 생선을 100그램 이하로 먹이고, 심해어는 삼가라고 당부했어요.

위에서 보다시피 우리나라 연안에 오염되어 있는 미세플라스틱의 양은 매우 많아요. 미세플라스틱이 해류를 따라 돌고 돈다고 하지만, 우리나라가 다른 나라에 비해 오염도가 높다는 사실에 주목해야 해요

더구나 우리나라의 남서 해안은 갯벌로 이루어져 있고, 연안 가까이에는 가두리 양식장이 많아요. 그곳에서 우리가 주로 먹는 어패류와 연체류, 갑각류 등이 대량으로 생산되고 있지요.

앞으로 수산물을 안심하고 먹으려면 무엇보다 바다의 생태 환경을 깨끗하게 지켜나가야 하겠지요. 그러기 위해서는 가장 먼저 플라스틱의 사용을 자제해야 해요. 특히 일회용 플라스틱은 아예 멀리하는 자세가 중요해요.

우리가 아무 생각 없이 일회용 플라스틱을 쓰고 버리는 순간, 죽은 고

래들이 해안으로 떠밀려올 거예요. 고래는 인간을 대신하는 환경지표 동물과도 같아요. 고래에게 어떤 문제가 생기면 우리도 똑같은 처지가 될 수 있어요. 그것이 고래가 인간에게 보내는 마지막 경고랍니다.

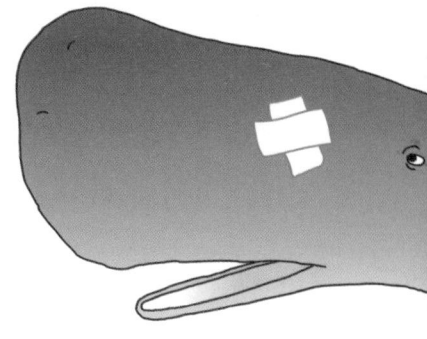

플라스틱 관련 상식 퀴즈

01. 플라스틱은 ………………… 화합물로 만든 합성수지예요.
02. 플라스틱이 없던 시대에는 흙과 나무로 집을 지었어요. (○, ×)
03. 고래의 자살을 '스트랜딩'이라고 합니다. (○, ×)
04. 쓰레기를 먹고 죽은 가장 큰 동물은 바다표범이에요. (○, ×)
05. 플라스틱은 녹이 슬지 않아요. (○, ×)
06. 플라스틱은 물에 젖어요. (○, ×)
07. 플라스틱은 전기가 잘 통해요. (○, ×)
08. 플라스틱은 색깔이 모두 투명해요. (○, ×)
09. 플라스틱은 자연분해가 되어요. (○, ×)
10. 플라스틱은 재활용할 수 있어요. (○, ×)
11. 쓰레기 섬의 대부분은 플라스틱이에요. (○, ×)
12. 북태평양 환류는 쓰레기를 흐트러뜨려 놓아요. (○, ×)
13. 플라스틱 쓰레기를 먹고 죽은 바보새는 ………………… 예요.
14. 해양 동물은 플라스틱이 맛있어서 먹어요. (○, ×)
15. 0.5밀리미터 이하의 작은 플라스틱 알갱이를 무엇이라고 하나요?
…………………………………………………………………………
16. 미세플라스틱과 플랑크톤은 맨눈으로 구별할 수 있어요. (○, ×)
17. 2차 미세플라스틱은 치약, 화장품 등에 들어 있어요. (○, ×)

18. 1차 미세플라스틱은 ＿＿＿＿＿＿에 의해 플라스틱이 부서진 것을 말해요.

19. 미세플라스틱은 먹이사슬에 영향을 끼쳐요. (○, ×)

20. 우리가 먹는 수돗물과 생수에서는 미세플라스틱이 나오지 않았어요. (○, ×)

21. 바닷물로 만든 ＿＿＿＿＿＿에서 미세플라스틱이 나왔어요.

22. 바다가 지구의 ＿＿＿＿＿＿ 중 50퍼센트를 생산하고 있어요.

23. 지구의 대기에서 열교환이 이루어지는 것을 대류 현상이라고 해요. (○, ×)

24. 양식장 주변에서 주로 떠다니는 플라스틱은 무엇인가요?
＿＿＿＿＿＿＿＿＿＿＿＿＿＿＿＿＿＿＿＿＿＿

25. 플라스틱을 줄이기 위해서 나는 무엇을 해야 할까요?
＿＿＿＿＿＿＿＿＿＿＿＿＿＿＿＿＿＿＿＿＿＿
＿＿＿＿＿＿＿＿＿＿＿＿＿＿＿＿＿＿＿＿＿＿
＿＿＿＿＿＿＿＿＿＿＿＿＿＿＿＿＿＿＿＿＿＿

정답
01 석유 **02** ○ **03** ○ **04** × **05** ○ **06** × **07** × **08** × **09** ×
10 ○ **11** ○ **12** × **13** 앨버트로스 **14** × **15** 미세플라스틱 **16** × **17** ×
18 풍화작용 **19** ○ **20** × **21** 소금 **22** 산소 **23** ○ **24** 스티로폼
25 본인의 생각을 간략하게 써 보고, 환경오염에 대해 친구들과 이야기해 보세요.

플라스틱 관련 단어 풀이

가공 : 사람이 원재료를 다듬어 새로운 물건으로 만드는 것.

가두리 양식 : 물고기를 그물에 가두어 기르는 방식.

갈조류 : 미역, 다시마 등의 바다 식물.

갑각류 : 게, 새우, 가재처럼 껍데기가 딱딱한 생물.

고분자 : 분자량이 1만이 넘는 화합물.

고질 : 나쁜 병이나 환경이 나아지지 않고 이어지는 상태.

광합성 : 식물이 태양 빛을 양분으로 만들어 에너지를 얻음.

구조물 : 여러 재료를 이용해 계획적으로 만든 시설물.

극지방 : 남극과 북극.

녹조류 : 녹색을 띠는 클로렐라, 파래, 청각 등의 바다 식물.

단세포 : 하나의 세포로 살아가는 생명체.

대류 : 기체나 액체가 상하로 열을 교환하는 현상.

머그잔 : 손잡이가 달려 있는 원통형의 잔.

면역 : 몸속으로 침입하는 병균을 막아낼 수 있는 건강 상태.

미개척지 : 사람의 손길이 닿지 않아 아직 개발되지 않은 곳.

보편화 : 널리 보급되어 일반적으로 사용됨.

복막염 : 내장을 감싸고 있는 막에 상처가 나서 염증이 생김.

부표 : 특정한 위치를 쉽게 알고자 바다 위에 띄워놓은 표식.

세균 : 병을 일으키는 박테리아나 바이러스와 같은 미생물.

스트랜딩 : 고래가 해안가로 밀려와 바다로 돌아가지 못하고 죽는 현상.

쓰나미 : 바다에서 발생해 큰 파도를 일으키는 지진해일.

심해어 : 수심 300미터 이상의 깊은 곳에 사는 물고기.

연체류 : 문어, 낙지, 오징어와 같은 어류.

열교환 : 한 물체에서 온도가 다른 물체로 열이 전달되는 일.

우기 : 1년 중 비가 많이 오는 시기.

유언장 : 죽기 전에 하고 싶은 말을 미리 작성해 놓은 것.

자연분해 : 인간의 간섭 없이 자연적으로 분해되어 사라짐.

적도 : 지구의 중심으로 가장 볼록한 부분.

천혜 : 어떠한 상태에서 가장 잘 어울리는 자연환경.

첨단 : 유행이나 기술 문명이 최고로 발전함.

크릴 : 새우처럼 생긴 갑각류 플랑크톤.

텀블러 : 손잡이가 없는 휴대용 통 컵.

포식자 : 다른 동물을 잡아먹는 육식동물.

포유동물 : 새끼에게 젖을 먹여서 키우는 동물.

플랑크톤 : 물에 사는 최하위의 생명체.

해류 : 일정한 속도와 방향으로 흐르는 바닷물.

해부 : 생물체의 몸을 갈라서 안을 조사하는 것.

홍조류 : 김, 우뭇가사리 등의 바다 식물.

환경지표 : 환경의 오염 정도를 수치로 표시한 것.